AF338526

27
m
23730

PÉTITION

PRÉSENTÉE AU SÉNAT

PAR LE PROMOTEUR

DE LA RENTRÉE DES

CENDRES DE NAPOLÉON Ier

EN FRANCE

❦

PARIS

TYPOGRAPHIE MORRIS ET COMPAGNIE

64, RUE AMELOT, 64

1867

PÉTITION

PRÉSENTÉE AU SÉNAT

PAR LE PROMOTEUR

DE LA RENTRÉE DES

CENDRES DE NAPOLÉON Iᵉʳ

EN FRANCE

PARIS

TYPOGRAPHIE MORRIS ET COMPAGNIE

64, RUE AMELOT, 64

—

1867

AU SÉNAT

Monsieur le Président,

Messieurs les Sénateurs,

Toute ma vie a été vouée à la cause napoléonienne.

En 1830, le 7 août (1), j'adressai à Louis-Philippe une brochure en vers : *l'Homme du Rivage, ou l'Illustre Tombeau,* dans laquelle je lui demandais la rentrée en France des Cendres de Napoléon Ier.

Écrite avec le cœur, et non avec le talent, elle exprimait ma pensée.

Elle fut vendue au profit des blessés de Juillet.

Je n'étais pas riche, je gagnais à peine de quoi vivre en faisant des écritures judiciaires.

Mon hôtelier me prêta deux cents francs, somme énorme pour moi ! Elle fut consacrée à la publication de mon œuvre.

(1) Jour où la Chambre des Députés a proclamé Philippe d'Orléans roi des Français.

Tous les ans, le 7 août, je renvoyais ma brochure à Louis-Philippe; je répétai cet envoi jusqu'en 1836.

Alors un ministre, M. Thiers, demanda à la Chambre des Députés que cette grande réparation eût lieu.

Les Cendres de Napoléon rentrèrent en France.

Cependant il m'avait fallu rembourser les deux cents francs à mon hôtelier.

Que de privations j'ai dû m'imposer! Pendant trois ans que de fois le pain m'a manqué!

Mais souffrir pour sa cause, ce n'est pas le martyre, c'est le bonheur!

Enfin je m'acquittai.

Alors je fus riche d'une dette que je n'avais plus et ma santé fut ruinée.

Une famille de Passy me recueillit.

On allait m'ensevelir; une glace fut approchée de mes lèvres : elle se ternit.

Je revins à la vie.

Je voyais l'avenir beau; les Cendres de Napoléon n'avaient-elles pas ranimé le parti napoléonien?

J'étais fier; je considérais cela comme mon ouvrage.

Enfin Napoléon III fut proclamé.

La France est glorieuse!

Avec la page que Dieu a écrite pour moi, je n'ai jamais rien demandé à la faveur impériale, jamais, pas même un simple emploi.

Devenu homme de lettres et auteur dramatique, j'ai obtenu un certain nom.

Cependant avec l'âge augmentent les besoins.

Ils sont d'autant plus terribles que j'ai perdu, en 1862, dans un travail du Gouvernement, que j'avais sous-entrepris, pour venir au secours d'un entrepreneur malheureux, le barrage de Courcelles, sur la Marne ; j'ai perdu, dis-je, SOIXANTE-DEUX MILLE FRANCS ! la plus grande partie de ce que je possédais.

J'allais tomber en faillite, le Ministre des travaux publics m'a exonéré de la suite de cette entreprise, le déshonneur ne m'a pas frappé.

Toute ma vie a été une lutte ; je lutte encore, mais je sens mes forces s'épuiser à la tâche.

Si le dévouement que j'ai toujours montré à la France est digne d'intérêt, si je lui ai été utile, je demande qu'elle vienne à moi comme j'ai été à elle.

Monsieur le Président, Messieurs les Sénateurs, j'ai l'honneur de solliciter, par une loi, une rente viagère à titre de récompense nationale.

Après avoir aidé puissamment au règne de l'Empire, dois-je mourir dans le besoin ?

J'ai soixante ans !

Agréez, Monsieur le Président, agréez, Messieurs les Sénateurs, l'assurance de mon respect le plus profond.

ADOLPHE FAVRE
8, place de la Bourse.

Paris, 6 novembre 1867.

PIÈCES A L'APPUI

EXTRAITS

de

L'HOMME DU RIVAGE OU L'ILLUSTRE TOMBEAU

(Ma brochure de 1830)

Une île l'a vu naître (*Napoléon*);
Au printemps de ses jours
La terre l'eut pour maître,
Et mort, il vit toujours!

. . . .
. . . .

Lui que l'Europe honore,
Dans son île, abattu,
Faisait trembler encore
Ceux qui l'avaient vaincu.

. . . .

. . . .

Bientôt l'île sauvage
Compte un tombeau de plus !
Et l'homme du rivage,
Napoléon n'est plus !

. . . .

. . . .

A son heure dernière,
Et près de fermer l'œil,
Il tourna sa paupière
Vers cette France en deuil !

Son âme, sans souffrance,
L'a délaissé soudain ;
Il expire !… et la France
Lui refuse son sein ! ! !

. . . .

. . . .

Mais notre France encore,
Libre comme autrefois,
Renaît au tricolore
Pour la seconde fois !

. . . .

. . . .

Cette France si belle,
Sur nous compte déjà…

Laisserons-nous loin d'elle
Celui qui l'illustra?

Soyons tous dans l'ivresse :
Un grand homme nouveau,
Évoquant l'allégresse,
Lui rendra son tombeau!

D'Orléans que j'implore,
Nous l'espérons de toi;
Fidèle au tricolore,
Tu deviens notre roi!

. . . .

. . . .

O Prince qu'on révère,
Étonne encor nos jours!
Accomplis ma prière,
Et grand, sois-le toujours!

Extrait du Dictionnaire des Connaissances humaines, édition d
1858, au mot INVALIDES, tome V, pages 402 et 403.

. . . .

Cet homme extraordinaire, prodigieux reflet de la Divinité, avai
écrit :

« Napoléon ;

» Ce jourd'hui, 15 avril 1821, à Longwood, île de Sainte-Hélène.

» Ceci est mon testament, ou acte de ma dernière volonté.

. . . .

« Je désire que mes cendres reposent sur les bords de la Seine, a
milieu de ce peuple français que j'ai tant aimé. »

. . . .

Depuis longtemps on se demandait, avec une fiévreuse impatience
quand il serait enfin donné satisfaction au vœu de Napoléon Ier.

Un écrivain distingué, M. Adolphe Favre, jeune homme au cœu
chaud, à l'âme élevée, saisit la pensée générale, s'en empare, la tra
duit, la fait sienne, la jette, lui le premier, dans une chaleureuse péti
tion qu'il adresse, dès le mois d'août 1830, au chef de l'État (1)
Chaque année, à pareille époque, il la renouvelle avec un surcroît d'ar
deur, avec toute l'énergie d'une volonté forte, signe avant-coureur d
succès. Ce qu'il veut, ce qu'il demande avec tout le feu d'une géné
reuse passion, ce sont les restes du martyr. Sa patriotique initiativ
remue tous les cœurs. On s'agite, on s'ébranle ; les résistances faiblis
sent ; les instances redoublent : force est de céder.

Le corps de l'Empereur arrive à Paris.

. . . .

Le major PAUL ROQUES.

Extrait du Dictionnaire des Contemporains, par VAPEREAU,
au mot : FAVRE (Adolphe).

FAVRE (ADOLPHE), littérateur français, né à Lille, en 1808, a écri
d'abord des poésies, notamment des paroles de romances et un volum

(1) Ce que l'auteur de l'article appelle ici Pétition était une brochure en vers
intitulée *l'Homme du Rivage ou l'Illustre Tombeau,* dédiée à Philippe d'Orléans
roi des Français, et adressée, dès le 7 août 1830, à Sa Majesté Louis-Philippe.

Cette brochure, imprimée par Poussin, rue de la Tabletterie, 9, à Paris, a ét
vendue au profit des blessés des 27, 28 et 29 juillet, chez Terry, libraire, au Palais
Royal.

(Note de la Rédaction.)

de vers: *l'Amour d'un Ange* (1852) ; puis de nombreuses nouvelles et des romans : *le Carrefour de la Croix* (1855, 2 vol.) ; *l'Amour et l'Argent* (1856, 2 vol.) Il dirige, depuis 1851, un recueil mensuel de romans : *la Revue parisienne*, dans laquelle il a inséré *le Capitaine des Archers*, *l'Œuvre du Démon*, etc. — Dès 1830, il a réclamé avec insistance la rentrée en France des cendres de Napoléon.

Extrait de l'**Encyclopédie illustrée des Inventions et Découvertes**, édition de 1864, au mot : FAVRE (Adolphe), t. Iᵉʳ, p. 42.

FAVRE (ADOLPHE), littérateur et poëte, membre de la Société industrielle, arts et belles-lettres de Paris, est né à Lille (Nord) en 1808.

Un fait, dont l'histoire s'emparera, illustre sa vie : il est le promoteur de la *rentrée en France des cendres de Napoléon*. Dès le 7 août 1830, il en faisait la demande à Louis-Philippe dans une brochure intitulée : *l'Homme du Rivage ou l'Illustre Tombeau;* dans le tome v du *Dictionnaire universel des Connaissances humaines*, au mot INVALIDES, le major Paul Roques a consigné ce fait important d'après les documents les plus authentiques.

M. Adolphe Favre a publié un grand nombre d'ouvrages, parmi lesquels nous citerons : *l'Amour d'un Ange*, poésies, un volume ; *le Carrefour de la Croix*, roman, 2 volumes ; *l'Amour et l'Argent*, idem, 2 volumes ; *le Capitaine des Archers*, idem, 2 volumes ; *la Coupe maudite*, idem, 2 volumes ; *l'Œuvre du Démon*, idem, 3 volumes ; *le Marchand d'Or*, idem, 3 volumes ; *l'Épée de saint Bernard*, idem, 3 volumes ; diverses pièces de théâtre, entre autres : *le Colonel Chabert*, drame en 5 actes ; *l'Orfévre du Pont au Change*, drame historique en 5 actes ; *Un Monsieur qui a perdu son mouchoir*, vaudeville en un acte; *les Métamorphoses de Bougival*, vaudeville en un acte ; *la Chasse à ma Femme*, vaudeville en un acte. Il publie aussi depuis 1851 *la Revue parisienne*, dont il est toujours le rédacteur propriétaire.

Une foule de poésies de M. Favre ont été écrites en musique, et plusieurs de ses ouvrages lui ont valu des médailles d'argent et d'or de diverses Académies et Sociétés savantes.

M. Adolphe Favre est un écrivain distingué, dont les ouvrages réunissent toutes les qualités de style : la pureté, la précision, le naturel, la noblesse et l'harmonie. Ses romans excitent tous l'intérêt, soit par la peinture des mœurs, soit par la régularité des événements dont ils sont remplis. Ses poésies sont douces, touchantes, écrites avec l'âme, si nous pouvons nous exprimer ainsi, et leur lecture émeut le cœur en même temps qu'elles charment l'esprit. Enfin, ses pièces de théâtre ont obtenu le juste tribut d'applaudissements dû au talent.

Extrait de la **Gazette de l'Empire**, du 1er juin 1865, un des nombreux journaux qui m'ont cité comme promoteur de la Rentrée des Cendres de Napoléon 1er.

L'HOTEL DES INVALIDES.

Si la France est aujourd'hui une puissance militaire de premier ordre, si elle est la tête et le bras de la civilisation, il lui a fallu soutenir de longues et douloureuses luttes pour assurer sa prépondérance sur les nations rivales.

L'Anglais et l'Espagnol ont fait à la France une guerre acharnée, et l'Europe s'est plusieurs fois coalisée contre elle.

L'armée a donc toujours occupé une place importante en France. La révolution de 1789, en détruisant les priviléges, a fait de l'état militaire une carrière glorieuse et honorable, et chaque soldat porte, comme on dit vulgairement, un bâton de maréchal dans sa giberne.

Il n'en était pas de même autrefois, où les grades s'achetaient ou s'obtenaient par faveur. La position des soldats était alors précaire et sans avenir. Lorsque des blessures les rendaient impropres au service, c'est à la charité publique et privée que les invalides demandaient leurs moyens d'existence.

Au quinzième siècle, il en était encore ainsi, et les vieux débris de nos armées venaient frapper souvent à la porte des abbayes et des prieurés pour y recevoir une hospitalité humiliante.

Henri IV fut le premier qui songea à assurer l'avenir des soldats blessés au service de la France. Des édits de 1597 et de 1604 affectèrent la *maison de charité*, qui existait alors rue de Lourcine, aux invalides militaires. Ils devaient y être nourris et logés aux frais de l'État.

En 1632, Louis XIII transféra les Invalides au château de Bicêtre, dont il avait fait l'acquisition, et qui prit le nom de Commanderie de Saint-Louis.

Il appartenait à Louis XIV, ce roi conquérant, de fixer d'une manière plus stable et plus complète le sort des défenseurs de la France.

Il créa l'hôtel des Invalides tel qu'on le voit aujourd'hui.

Les dessins de la chapelle et des bâtiments sont dus à Bruant. L'église, commencée en 1660, ne fut terminée qu'en 1705. Mansard a fourni les dessins du dôme.

En 1789, la dotation de l'hôtel des Invalides était d'un million et demi.

En 1853, les dépenses s'élevaient à deux millions sept cent mille francs.

Son budget dépasse maintenant trois millions.

La nef de l'église était décorée de neuf cent soixante drapeaux ou étendards pris à l'ennemi. Ces trophées furent détruits en 1814 par les invalides eux-mêmes, la veille de l'entrée des alliés à Paris.

Le 15 décembre 1840, les débris de nos immortelles phalanges de la République et de l'Empire recevaient, les yeux humides et le cœur plein de respect, les restes du plus grand capitaine des temps modernes. Les cendres de l'Empereur Napoléon Ier reposent aujourd'hui à l'hôtel des Invalides. Sur un sarcophage sont burinés en lettres d'or les états de service de ce grand génie militaire. Ils commencent à Toulon le 15 août 1793 et finissent le 5 mai 1821 au rocher de Sainte-Hélène.

Citons, à propos de la translation des cendres de l'Empereur Napoléon, un fait encore peu connu, parce que la modestie de son auteur l'a laissé dans l'oubli.

C'était le 7 août 1830 ; le gouvernement de la Restauration venait de tomber sous son impopularité. Le canon de Juillet avait cessé de gronder ; une royauté nouvelle allait sortir des barricades.

Un jeune homme à peine âgé de vingt ans, M. Adolphe Favre, arrivé depuis deux mois de Lille, sa ville natale, improvisait quelques strophes dédiées au roi Louis-Philippe, et dans lesquelles il lui demandait de transférer en France les cendres de l'Empereur.

La voix de ce jeune homme, qui débutait dans la carrière des lettres par une noble et généreuse pensée, et qui est aujourd'hui un écrivain distingué, resta longtemps sans écho. M. Favre ne se rebuta point, et chaque année, à cette même date du 7 août, il adressait au roi Louis-Philippe un exemplaire de sa brochure, *l'Homme du Rivage*, renouvelant son vœu, protestant par cet envoi contre l'inertie du gouvernement de Juillet.

Cela dura dix ans.

En 1840, il se trouva enfin un ministre pour accomplir cette grande réparation. Mais si la gloire de son exécution appartient à M. Thiers,

M. Favre peut à bon droit revendiquer l'honneur d'en avoir eu le premier la généreuse pensée.

Les canons des Invalides, qui ont si souvent vomi la mort sur les champs de bataille, et dont la plupart sont des trophées conquis sur les ennemis de la France, ne tonnent plus qu'aux jours des fêtes publiques mais si quelque coalition tentait de se former contre nous, si par impossible Paris était jamais menacé, on verrait les vieux débris de nos gloires passées, oubliant blessures et fatigues, retrouver la vigueur de la jeunesse, l'enthousiasme de leurs premiers combats, redevenir les héros d'autrefois, et mêler leurs vieilles palmes de Marengo et d'Austerlitz à celles de Magenta et de Solferino.

ADOLPHE SCHAEFFER-STEL.

Copie de la Lettre que j'ai envoyée tous les ans, le 7 août au roi Louis-Philippe.

SIRE,

Tout le temps que Dieu me prêtera vie et qu'il vous conservera sur le trône, vous ou votre dynastie, chaque année, à pareille époque, je vous rappellerai la brochure, en vers, *l'Homme du Rivage ou l'Illustre Tombeau*, que j'ai eu l'honneur de vous adresser en 1830, le 7 août, et par laquelle je vous demandais la rentrée en France des Cendres de Napoléon

Mon vœu n'ayant pas encore été rempli, je remets sous les yeux de Votre Majesté ladite brochure (incluse) en vous suppliant, au nom de l'honneur national, de faire droit à ma prière.

Agréez, Sire, avec mon profond respect, tous les sentiments qui m'animent au sujet de cette grande réparation, et daignez me croire,

De Votre Majesté,

Le très-humble et très-obéissant serviteur,

ABOLPHE FAVRE
Place du Palais de Justice, n° 4.

Paris, etc.

LISTE DE MES OUVRAGES PUBLIÉS

Poésie.

L'Amour d'un Ange, 1 vol.

Pièces de Théâtre.

La Chasse à ma Femme, vaudeville en un acte. (Beaumarchais.)
Le Colonel Chabert, drame en cinq actes. (Beaumarchais.)
Déborah, opéra comique en trois actes. (Théâtre-Lyrique Impérial.)
Le Défaut de la Cuirasse, comédie en un acte. (Porte-Saint-Martin.)
Deux Clarinettes, opérette en un acte. (Bouffes-Parisiens.)
L'Enlèvement au Bouquet, vaudeville en un acte. (Menus-Plaisirs.)
Un Martyr de la Victoire, drame en cinq actes. (Belleville.)
La Médaille, opérette en un acte. (Bouffes-Parisiens.)
Les Métamorphoses de Bougival, vaudeville en un acte. (Délassements-Comiques.)
Un Monsieur qui a perdu son Mouchoir, vaudeville en un acte. (Délassements-
    Comiques.)
L'Orfévre du Pont au Change, drame historique en cinq actes. (Beaumarchais.)
La Porte Saint-Denis, (1672), drame en cinq actes. (Beaumarchais.)
Les Portraits-Cartes, vaudeville en un acte. (Gaité.)
Les Saxophones, vaudeville en un acte. (Vaudeville.)

Romans.

L'Amour et l'Argent.	La Fausse Route.
L'Anneau d'Or.	La Faute d'une Mère.
Le Baiser des Fiançailles.	Jean le Batailleur.
Le Bouquet de Violettes.	Les Larmes d'une Mère.
Le Bracelet de Corail.	Maître Guillaume.
Le Calvaire du Cœur.	Le Marchand d'Or.
Le Capitaine des Archers.	Le Mariage au Jardin.
Le Carrefour de la Croix.	Monsieur Landroux.
Comment un fils se marie.	Le Moulin-Robert.
La Coupe maudite.	L'Œuvre du Démon.
Le Cousin Wilhelm.	Le Prix du Mal.
Le Doigt de Dieu.	La Rose de Bretagne.
L'Épée de saint Bernard.	Le Secret du Cœur.
L'Épingle d'Or.	Voisin et Voisine.

Paris. — Typ. Morris et Comp., rue Amelot, 64.

PARIS

TYPOGRAPHIE MORRIS ET COMP., 64, RUE AMELOT.

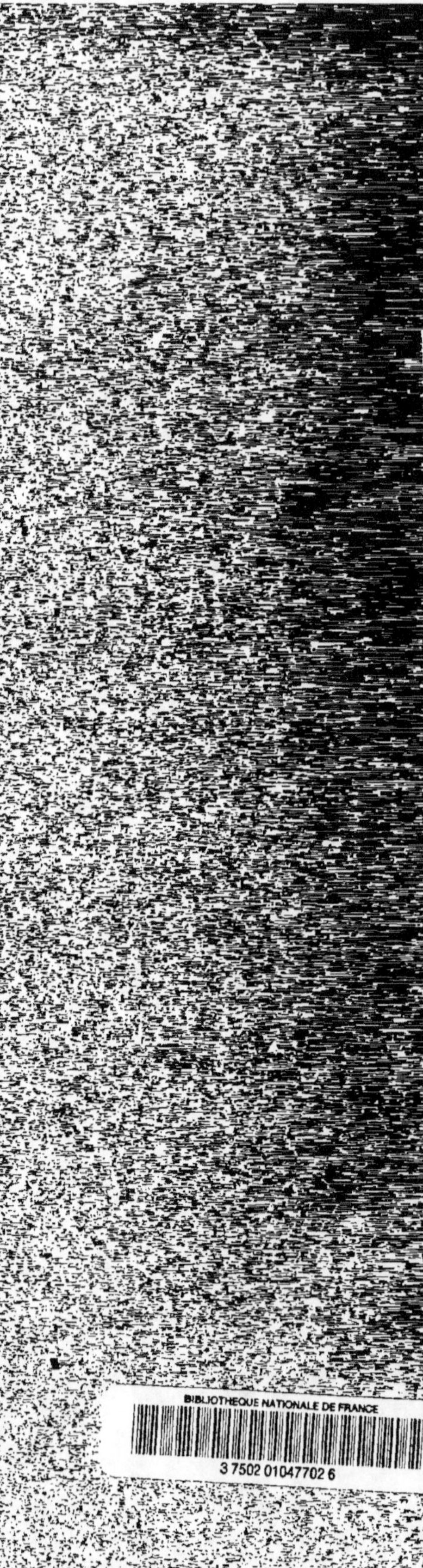

www.ingramcontent.com/pod-product-compliance
Lightning Source LLC
Chambersburg PA
CBHW050016070726
47598CB00014B/1723